Hermann Krämer · Im Namen des Volkes

Im Namen des Volkes

Graphische Ansichten von A. Paul Weber

Herausgegeben und eingeleitet

von

Hermann Krämer

Hans Christians Verlag, Hamburg

Meiner Frau Martha Katharina Krämer geb. Rummel
zugeeignet

Fotos Jürgen Wohlfahrt
Gesetzt aus der Meridien-Antiqua
Lithos Gries KG, Ahrensburg
Druck Hans Christians Druckerei, Hamburg
Einband Verlagsbuchbinderei Ladstetter, Hamburg
ISBN 3-7672-0758-3
Printed in Germany

Inhalt

Einleitung

Das graphische Werk des Künstlers Andreas Paul Weber (1893–1980) umfaßt auch einen bemerkenswerten Bestand an justizkritischen Blättern.
Seit Beginn der sechziger Jahre war die Veröffentlichung eines Buches zu diesem Thema mehrfach Gesprächsgegenstand zwischen Künstler und Herausgeber, der, selbst Jurist, bereits seit Jahren entsprechende Darstellungen des Künstlers schätzte und sammelte. Weber meinte anfangs, seine Blätter seien in der Form überholt, er wolle alle zu diesem Themenkreis noch vorhandenen Arbeiten überdenken und neu auf den Stein zeichnen. Er freundete sich jedoch allmählich mit der Auffassung des Herausgebers an, daß es besonders reizvoll und spannend sei, des Künstlers zeichnerische Handschrift und Gedanken über einen Zeitraum von fast einem halben Jahrhundert hinweg zu verfolgen und der Öffentlichkeit vorzustellen.
Der Plan gedieh jedoch, abgesehen von einem gelegentlichen Meinungsaustausch und einer gemeinsamen Durchsicht der vor-

handenen Blätter, nicht weiter. Nach Webers Tod war es vor allem Günther Nicolin, der Geschäftsführer der A. Paul Weber-Gesellschaft, der erneut die Veröffentlichung justizkritischer Graphik von A. Paul Weber anregte.

Das vorliegende Werk umfaßt im Kern die noch mit Weber gemeinsam zusammengestellten Blätter aus dem Besitz des Herausgebers, ergänzt um einige in späterer Zeit hinzugekommene Exemplare. Es kam nicht darauf an, mit pedantischer Perfektion sämtliche Bilder einzubeziehen, die, zum Teil auch nur ganz beiläufig, irgendeine Beziehung zur Justiz haben. Es sollten vielmehr exemplarisch nur solche Bilder einbezogen werden, in denen Webers künstlerische Aussage über Recht und Gerechtigkeit, Rechtswesen und Rechtsvertreter besonders treffend dargestellt sind.

Beim Betrachten der Bilder stellte sich darüber hinaus die Frage, nach welchen Kriterien sie angeordnet werden könnten. Wie bei jeder derartigen Systematisierung folgte der Herausgeber seiner eigenen Vorstellung, die, wie er glaubt, der „Natur der Sache“ folgend auch den potentiellen Leser und Betrachter im Blick behalten will, um dessen Interesse und Verständnis für Webers Arbeiten zu wecken oder gar zu fördern. Dabei bot es sich an, Bilder

von ähnlicher Thematik oder Darstellungsweise in jeweils eigenen Gruppen zusammenzufassen.
Die Abfassung dieser Veröffentlichung war dem Verfasser nicht möglich, ohne in herzlicher und dankbarer Erinnerung des Menschen und Künstlers Andreas Paul Weber zu gedenken. Mit seinen Bildern, seinen Briefen und in vielen Begegnungen hat er den Verfasser durch drei Jahrzehnte seines Lebens begleitet. In den Dank mit eingeschlossen aber sei auch Christian Weber, der Hüter des künstlerischen Erbes seines Vaters. Seiner bedeutenden Kunstfertigkeit verdanken wir die inzwischen weithin bekannten Drucke der Clan-Presse.

A. Paul Weber als Justizkritiker

Justizkritik im 19. Jahrhundert
Honoré Daumier

Justizkritik mit dem Zeichenstift ist in Deutschland, so könnte man meinen, wenig geschätzt. Das gilt besonders für diejenigen, auf welche die Kritik hinzielt. Liegt das etwa an dem uns Deutschen nachgesagten Respekt vor der Obrigkeit, den es in früheren Zeiten einmal gegeben hat? Liegt es an der besonderen Empfindlichkeit, dem betonten Standesbewußtsein der Mitglieder der juristischen Zunft? Oder liegt es gar, kaufmännisch gesprochen, an der mangelnden Nachfrage eines entsprechenden Marktes?

Eine Ausnahme gilt gewiß für eine Justizkritik, die mehr als hundert Jahre zurückliegt. Sie geht uns Heutigen nicht mehr direkt unter die Haut, berührt uns eher mit einem Hauch von Nostalgie auf ästhetisch angenehme Weise. Sie amüsiert uns, wir finden sie treffend, witzig oder einfach köstlich. Denn die Blätter des Franzosen Honoré Daumier (1808–1879), um keinen Geringeren handelt es sich hier, zeugen bis heute davon, daß ihr Schöpfer wohl der größte Künstler dieser Spezies graphischer Kunst war, den wir kennen. Seine Werke zieren als Drucke oder auch als seltene Originale noch in unseren Tagen die Wände gepflegter Anwaltskanzleien.

Das war übrigens, und das sollten wir nicht übersehen, zu Lebzeiten Daumiers anders. Damals waren seine Zeichnungen noch scharfe, höchst unangenehme Waffen im täglichen Kampf gegen Überheblichkeit, gegen Hartherzigkeit, Verschlagenheit oder Geldgier – oder auch gegen Unmenschlichkeit im Alltag des Rechtslebens. Damals schätzten nicht nur die Getroffenen oder Betroffenen der juristischen Berufe den Zeichner wenig, der sie so aggressiv anging. Auch die Experten der Kunstszene, Händler, gebildete Sammler und solche, die sich dafür hielten, schenkten dem Südfranzosen kaum ihre Bewunderung. Er galt eben nur als Illustrator der Zeitungen „Le Charivari" und „La Caricature" – zu sehr beschäftigt mit den Unannehmlichkeiten und dem Allzumenschlichen des täglichen Lebens.

Daumier kannte übrigens die Rechtspraxis seiner Zeit von innen her. Schon als Lehrling bei einem Gerichtsvollzieher, später als

Pressezeichner, ging er im Palais de Justice ein und aus. Von innen kannte er auch das Pariser Stadtgefängnis. Ein halbes Jahr Aufenthalt dort hatte ihm der Vorstoß gegen die Pressegesetzgebung seiner Zeit eingebracht. Der intelligente, wortkarge Augenmensch erblindete im Alter. Als durch und durch kritischer Geist hat er die recht breite Skala menschlicher Schwächen, Fehler und Boshaftigkeiten in unnachahmlicher Weise im Bilde festgehalten. Der Deutsche Eduard Fuchs hat ihm zu spätem Ruhm und Anerkennung in Deutschland verholfen. Von juristischer Seite war es vor allem der Rechtsphilosoph Gustav Radbruch (1878–1949), Reichsjustizminister in der Weimarer Republik, der 1947 in seiner lesenswerten Schrift „Karikaturen der Justiz" Daumiers Bedeutung als Justizkritiker feinsinnig und sachverständig gewürdigt hat.

A. Paul Weber – Besonderheiten seiner Justizkritik

Will man in unserer Zeit eigenständige Justizkritik von künstlerischem Rang aufzeigen, so kommt man gewiß an A. Paul Weber (1893–1980) nicht vorbei. Es ist noch zu früh, dieses bedeuten-

den Künstlers höchst umfangreiches und vielseitiges Lebenswerk abschließend einzuordnen und zu beurteilen. Soviel allerdings steht heute bereits fest, daß Weber durch seine künstlerische Aussagekraft über Jahrzehnte hindurch ein besonders nachhaltiger, beharrlicher und wohl auch wirkungsvoller Kritiker unserer öffentlichen Zustände geworden ist. Dabei haben künstlerische Qualität und die Intensität der Aussage auch im Alterswerk nicht selten Höhepunkte erreicht. Es steht heute fest, daß Webers justizkritische Arbeiten zwar einen zahlenmäßig kleinen Teil seines Gesamtwerkes ausmachen. Dieser Bestand aber genügt, um ihn als höchst bemerkenswerten modernen Satiriker des Rechtslebens herauszustellen.
Für den Kenner ist es fast selbstverständlich, daß ein Vergleich zwischen Daumier und Weber im Sinne einer Art von Gleichsetzung unzulässig ist. Daumier ging es mit seinen von südfranzösischem Temperament beseelten Bildern um das Festhalten berufstypischer gesellschaftlicher Situationen, wie sie die Rechtspraxis seiner Zeit hervorgebracht haben. Dabei sind ihm gerade jene unvergeßlichen Typen gelungen, wie z. B. der bärbeißige Untersuchungsrichter mit seinen bohrenden verletzenden Fragen, der hochnäsige, pathetisch daherredende Anwalt oder der

unverbesserliche Gauner, der noch im Gerichtssaal, nach gerade erst erfolgtem Freispruch, den eigenen Anwalt bestiehlt.
Daumier war also, wie man heute sagt, Insider der Pariser Justizszene. Er gehörte in gewisser Weise zu ihnen, den „gens des justice“. Bei aller Verhöhnung und aller scharfen Kritik aber ist bei Daumier letztlich doch ein, wenn auch distanziertes, Verständnis für die Juristen und ihren Beruf herauszuspüren. Von einer Art geheimer Sympathie zu sprechen, wäre wahrscheinlich zu viel, um wahr zu sein.
Das alles ist bei A. Paul Weber ganz anders. Die meiste Zeit seines Lebens wohnte er in abgelegenen Orten. Er hatte keinerlei Veranlassung, mit dem Justizbetrieb kleinerer oder größerer Städte in Verbindung zu kommen. Erst die künstlerisch-politische Tätigkeit bei dem oppositionellen Widerstandsverlag schärften sein Gespür und seinen Blick für Mißstände, für Unmoralisches oder Unmenschliches im öffentlichen Leben. In die Mühle der NS-Justiz geraten, machte er dann seine persönlichen Erfahrungen, die, davon darf man ausgehen, seine Haltung zum Rechtswesen und zur Rechtspraxis entscheidend beeinflußt haben. Auf diesen Lebensabschnitt werden wir zurückkommen.
Webers Angriffe auf das Rechtswesen sind schon von daher gese-

hen völlig anderer Natur als die Daumiers. Sie sind grundsätzlicher Art, auch verächtlich sarkastisch oder verschlüsselt hintergründig. Sie gehen aufs Ganze und sind, wenn man so will, typisch deutsch. Seine Kritik geht oft genug bis an die Wurzeln allen Rechtes. Sie zeigt letzte Fragwürdigkeiten staatlichen Richtens überhaupt auf und fragt, ja schreit immer wieder nach Gerechtigkeit und Menschlichkeit – nach Menschlichkeit in einem durch Eiseskälte gekennzeichneten Bürokratenstaat, in welchem Paragraphen letzte Krücken einer moralisch weithin zusammengebrochenen Gesellschaft sind. – Das ist, auf kurzen Nenner gebracht, A. Paul Webers Hauptanliegen. Er bedient sich dabei sowohl, wenn auch selten, des herkömmlichen Mittels der Karikatur als zeichnerisch satirische Anklage oder auch der Allegorie. Gerade hierbei greift er gerne zurück auf Bildvorstellungen und Spruchweisheiten, wie sie seit Jahrhunderten zum Bestand unserer Volkskultur gehören. Bei manchen seiner Blätter ergeben sich Assoziationen zu polemisch-satirischen Zeichnungen des späten fünfzehnten und des sechzehnten Jahrhunderts. Da wird man aber auch erinnert an die frühe Ausgabe der Bambergischen Halsgerichtsordnung, die sogenannte Bambergensis von 1507. In diesem ersten amtlichen Strafgesetzbuch, verfaßt in deutscher Sprache von Johann von Schwarzenberg gibt es u. a. zwei ganzseitige Abbildungen, die nichts anderes sind als handfeste Justizsatire. Geldgierige Richter, dort „Taschenrichter" genannt oder unfähige, parteiische „Narrenrichter" werden hier unmißverständlich vorgestellt und angeprangert. Methodisch ähnlich wie bei unseren heutigen Comics, weisen in Spruchbändern aufgeschriebene Verse auf die Verwerflichkeit des falschen Richtens und die bösen Folgen solchen Tuns hin.

Wahrscheinlich ist es hier notwendig, einige Aussagen über Webers künstlerische Psychologie, über seine Art zu arbeiten und über wichtige Abschnitte seines Lebens zu machen.

A. Paul Weber – Porträtskizze eines Künstlers

A. Paul Weber war intelligent, belesen, aber kein Intellektueller. Er besaß die Gabe der Unterscheidung, hatte einen untrüglichen Instinkt für alles Echte oder Unechte, für Wahres und Verlogenes und hatte einen Riecher für alles was anrüchig ist.
Weber war unentwegt mit seinen künstlerischen Arbeiten –

Auftragserledigung oder selbstgestellte Aufgabe – beschäftigt. Sein ganzer Lebensrhythmus, einschließlich des Essens, Trinkens, Ruhens, war streng ausgerichtet auf die Bewältigung seiner Arbeit. Er war dauernd willens und bereit zur Aufnahme von Informationen und Neuigkeiten, soweit sie ihm für sein Schaffen wesentlich erschienen. In seinem Kopf erfolgte dann eine Art von Direktübertragung des Gehörten oder Gelesenen ins Bild. Er dachte in Bildern und teilte sich in Bildern nach außen mit.

„Ich folge einem Drang und empfinde es als meine Aufgabe, daß ich das, was mich bewegt, bedrückt, mit Sorge erfüllt oder auch amüsiert und belustigt, sichtbar mache, es gestalte. Zumeist kann ich mich wie ein Chronist an die Tatsachen halten. Das aber ist die Gabe – in Bildern zu denken, denken zu können."

Soweit der Künstler über sich selbst in einem seltenen Interview mit Klaus von Lutzarn, veröffentlicht in „stimme und weg", 5. Jahrgang Nr. 14, März 1967.
Webers wichtigstes Ausdrucksmittel war also sein Bilderschaffen – insofern gleicht er übrigens durchaus dem Franzosen Honoré Daumier. Es war auch nicht Webers Art, Vorträge zu halten oder

Artikel zu schreiben. Fast peinlich wurde es, wenn man ihn z. B. gelegentlich der Eröffnung einer Ausstellung oder vor der Fernsehkamera dazu bewegen wollte, etwas über sich und seine Werke vorzutragen. Im kleineren Kreis dagegen, in dem er sich verstanden fühlte, da konnte er gesprächig werden. Am liebsten äußerte er sich dann über sein „Bilderschaffen". Dabei konnte er sich und andere für seine Bilder begeistern. Er wurde dann gerne humorig, eulenspiegelhaft, hintergründig witzig. Zutreffend charakterisiert hat ihn Kurt Esselbrügge in „Begegnung mit A. Paul Weber, Tagebuchnotizen 1949 bis 1952" im „Katalog zur Retrospektive zum 85. Geburtstag", Köln, 1978.

A. Paul Weber hat sich vor allem zu den Arbeiten, deren Thematik ihm wichtig, oder von grundsätzlicher Art erschien, reichlich Zeit genommen. Er arbeitete gründlich. Meist schuf er zu einem solchen Thema eine Reihe von Entwürfen oder sogar mehrere Fassungen. Während des Zeichnens aufkommende neue Gedanken, führten zu entsprechenden Veränderungen im Bild, deren Bedeutung man erst beim genauen Hinsehen im Vergleich mit den früheren Arbeiten erkennt. Zeichnen mit rasch und impulsiv hingeworfenen und dann auch richtig sitzenden Strichen, das war nicht seine Art – nicht die Art des Nachdenklichen, der zeitlebens weit ab von der Unrast hektischen Geschehens in ländlicher Einsamkeit alles, was er schuf, wohl überlegte und selbstkritisch überdachte. Seine Selbstkritik ging so weit, daß er nur solche Skizzen und Entwürfe aufbewahrte, die seinen selbstgewählten, strengen Maßstäben an künstlerische Form vollauf genügten. Alles andere landete im Papierkorb. An Alfred Kubin tadelte Weber gerne, dieser habe praktisch alles, selbst das unansehnlichste und unbedeutendste Gekritzel, für wert erachtet, für die Nachwelt aufbewahrt zu werden. Andererseits meinte Hans Fronius, der Altmeister der österreichischen Graphik, als er sich zum ersten Mal Originale Weberscher kritischer Graphik anschaute: „Der Mann kann zeichnen. Aber er denkt zuviel dabei." – Künstler über Künstler. – Für Webers Graphik, vor allem für die Blätter justizkritischer Art, muß man sich schon Zeit nehmen und Ruhe dazu haben, will man hinter all die Bezüge und Feinheiten kommen, wie sie für ihn typisch sind.

Blättert man übrigens heute einmal in Simplizissimusjahrgängen der fünfziger und sechziger Jahre, dann ist man nachträglich überrascht von der streckenweise hohen Qualität dieses wirklich witzig-geistvollen Blattes. Unter den vielen guten, wenn nicht vorzüglichen Zeichnungen fallen A. Paul Webers Arbeiten auch bei nur flüchtiger Durchsicht auf. Sie sind meist nicht aus besonderem Anlaß entstanden oder gerade für den Tag bestimmt, sie sind gleichsam schon vor langer Zeit erdacht und sind für lange Zeit danach gezeichnet. Auch sie bezeugen, daß es Beständiges und Kontinuierliches im Werke Webers gibt. Vorstellungen und Bildinhalte, die ihn lebenslang beschäftigten, hat er, je nach dem erreichten Standort seines Lebensweges aus neugewonnener Sicht gerne entsprechend neu formuliert.

A. Paul Weber stand mit seinem ganzen Werk in der Tradition bester Zeichenkunst, wenn auch die Form seiner künstlerischen Aussage durchaus seiner Zeit gemäß war. Modernistische Anpassung oder gar kulturrevolutionäre Schritte ins Bodenlose der Kunst, ins Nichts, waren ihm unvorstellbar. Er glaubte, ja, er war besessen von der Notwendigkeit des Bildes für das Menschsein gerade auch in unserer Zeit. In diesem Sinne ist sein ganzes Werk nichts anderes als gezeichnete Auflehnung gegen Strömungen einer Moderne, welche der Zerstörung des Bildes im Inhalt wie von der Form her Vorschub leistet.

Weber fand durch lange Jahre hindurch wenig Zustimmung bei denen, die man als zur Kunstszene zugehörig rechnet. Experten, von ihm nicht gerade liebenswürdig abkonterfeit, schwiegen ihn am liebsten tot oder machten sein Werk unbedeutend – klein. Doch es ist höchst interessant zu beobachten, wie Webers Kunst sich gleichsam von der Basis her mit der ihr innewohnenden elementaren Kraft unaufhaltsam durchgesetzt und in allen Schichten des Volkes Bewunderung und Verständnis gefunden hat. Webers Graphik bewegt da, wo sie ausgestellt ist, die Herzen und Köpfe der Betrachter. Man fühlt sich angesprochen – ein- oder ausgezeichnet.

Ernst Niekisch über A. Paul Weber

Eine interessante Charakteristik von A. Paul Weber vermittelt uns Ernst Niekisch in seinen Erinnerungen „Gewagtes Leben", S. 142 ff., Köln und Berlin, 1958. In diesem Abschnitt berichtet er über seine erste Begegnung mit Weber und über dessen Rolle beim Widerstandsverlag.

„Für den Widerstandsverlag brauchte ich einen Hersteller. Mir lag daran, einen Graphiker zu finden, der mit gutem Geschmack meinen Verlagserscheinungen ein ansprechendes und gewin-

nendes Gesicht gäbe. Von irgendeiner Seite wurde ich auf A. Paul Weber aufmerksam gemacht. Er war mir aufgefallen durch eine Zeichnung im „Vormarsch", die sich ironisch gegen den „Stahlhelm" wandte. Um einen Tisch saßen gemütliche Spießer mit den Stahlhelmemblemen, und die Unterschrift war das Zitat aus einer Rede, die Seldte gehalten hatte: ‚Wir sind kein Bund aufgeregter junger Männer.' In Zeitschriften von Jugendbünden konnte man den Arbeiten Webers des öfteren begegnen. Für den Berliner Verlag G. Grote hatte er Bücher illustriert und Bucheinbände entworfen. Eine seiner ersten Arbeiten war die Ausstattung des erfolgreichen Buches von Gustav Frenssen ‚Peter Mohrs Fahrt nach Südwest' gewesen. Ich setzte mich mit Weber in Verbindung, und er sagte zu, am Verlag mitzuarbeiten.
Weber war ein großer, schlanker Mann mit langem schmalem Kopf, ganz schwarzen Haaren und schwarzem Kinnbart. Er hatte ein exotisches Aussehen, man konnte ihn für einen Araber halten. Seine Schädelbildung erinnerte an ein Pferd. Nichts von Intellektualität war in ihm, man empfand ihn gleich als das Instinktwesen, das er in der Tat war. Als er einmal eine Nacht zusammen mit den beiden Jünger, mit Schauwecker und Hielscher verbracht hatte, rief Hielscher aus: ‚Sie sind ja ein wahrer Wald-

schrat!'. In dieser Charakterisierung lag etwas Richtiges; das Elementare an Weber war unverkennbar; wenn etwas zu wünschen übrigblieb, war es lediglich das Ausmaß, die Fülle dieser Elementarität.

Es kam zwischen uns bald ein Kontakt zustande; Weber legte mir eine Reihe von Arbeiten vor, an denen ich Gefallen fand. Ich bat ihn, mir einige Entwürfe für die Verlagsprojekte auszuarbeiten, so den Bucheinband zu Rankes ‚Zwölf Büchern Preußischer Geschichte' und denjenigen zu meinen ‚Gedanken über deutsche Politik'. Er sollte auch ein Verlagssignet ausarbeiten. Einige Zeit später besuchte ich ihn in Nikolasberg. Wir vereinbarten, er solle monatlich für den ‚Widerstand' eine politisch-satirische Zeichnung beisteuern. Ich mußte, so wurde ausgemacht, ihm jeweils das Motiv angeben; er wollte es dann ins Bildhafte übersetzen. Die ersten Zeichnungen von ihm waren primitiv und kindlich; allmählich entwickelte er seinen besonderen Stil.

Inzwischen freilich hatte sich manches geändert. Aus unseren ursprünglich rein geschäftlichen Beziehungen war eine herzliche Freundschaft geworden. Ich stand ihm mit warmen Gefühlen gegenüber und nahm aufrichtigen Anteil an seinem Schicksal. Jeden Monat, wenn die Zeichnung für den ‚Widerstand' fällig

war, kam er zu mir, zuerst nach Dresden, später nach Berlin. Er entwarf ein neues Gewand für den ‚Widerstand', wurde in allen Dingen mein Vertrauter und trat mir zuletzt als Mitherausgeber des ‚Widerstand' zur Seite.
Unterdessen hatte er durch mich die Bekanntschaft mit einem Hamburger Großkaufmann gemacht, der ihm viele lohnende Aufträge gab. Er durfte die Jugendherberge auf dem Knievsberg ausmalen, später die Joseph-Haydn-Jugendherberge im Burgenland, ebenso die Jugendherberge in Schwarzburg. Später siedelte er in das Herrenhaus des Brümmerhofes in der Lüneburger Heide über, welches ihm der Großkaufmann angeboten hatte. Ungestört und ohne Sorgen vermochte Weber hier zu arbeiten, und der Widerstandsverlag hatte große Vorteile von ihm. Durch seine ‚Widerstands'-Zeichnungen wurde er bekannt, und umgekehrt wandten dich viele Leute dem Widerstandsverlag zu, weil ihnen Weber etwas zu sagen hatte. Zuweilen besuchten wir, meine Frau und ich, Weber auf dem Brümmerhof und trafen dort mit Freunden zusammen.
Die Stärke der Weberschen Begabung lag in der Graphik. Stilistisch war er nicht ganz originell; man konnte die Spuren der Vorbilder feststellen, an welche er sich hielt, Goya, Daumier,

Doré, Menzel und Kubin hatte ihn allerlei gelehrt. Das Dämonische zog ihn an, gern erging er sich in wilder Phantastik. Sein Strich war zart, mit einer Gewissenhaftigkeit sondergleichen strichelte er seine unheilschwangeren Wolken. Seine Zeichnungen zu meiner Hitler-Broschüre, insbesondere das Sargbild, waren von ungeheurer prophetischer Kraft und gehörten sicher zu den Besten, die ihm je gelungen waren. Auch als Holzschneider arbeitete er und hatte dabei eine glückliche Hand.

Auch nach 1933 beharrte er auf seiner ablehnenden Stellung gegen Hitler. Er wollte geheime Flugblätter mit vernichtenden Satiren gegen die Männer des Dritten Reiches herstellen.

Im Jahre 1934 regte ich Weber an, eine Ausstellung seiner Arbeiten auf dem Brümmerhof zu veranstalten. Auf diese Weise wollte ich eine Gelegenheit schaffen, eine getarnte Widerstandstagung durchführen zu können. Aus allen Teilen des Reiches, auch aus Danzig, trafen Widerstandsanhänger ein.

Zur Tarnung unserer politischen Hinterabsichten hielt ich einen Vortrag über Webers künstlerisches Werk; zu dem Vortrag hatten wir auch Gutsangehörige und Bewohner der Umgebung eingeladen. Danach setzten wir Eingeweihten uns zusammen und erörterten unsere politischen Sorgen und Pläne.

Im Sommer 1935 machten Weber, der Regierungsrat Tröger und ich eine Autofahrt durch Italien. Beim Übergang über die Grenze stahlen die italienischen Zollbeamten Weber den Rucksack mit den Malutensilien. In Bozen machten wir halt, um das Material für den Maler neu zu beschaffen. Von Bozen aus nahmen wir unseren Weg über Trient, Gardasee, Verona, Modena, Florenz, Volterra, Siena, Orvieto, Viterbo nach Rom. Von Rom begaben wir uns nach Neapel und Sorrent, besuchten von dort aus Capri, Pompeji, den Vesuv und schließlich Paestum. In vollen Zügen genoß Weber die Herrlichkeiten Italiens. Für Paestum hatte er große Vorsätze gefaßt. Die alten griechischen Tempel sollten ihm auserlesene Motive schenken. Lange war er unschlüssig, was er auf die Leinwand bringen sollte. Tröger und ich sagten, wir wollten ihn nicht stören und zögen vor, ein Bad zu nehmen. Wir ließen ihn mit dem Tempel allein und fuhren an eine entlegene Stelle der Küste. Als wir zurückkehrten, trafen wir Weber weder in der Ruine selbst noch in deren unmittelbarer Umgebung. Lange suchten wir ihn, endlich entdeckten wir ihn auf einer kümmerlichen Wiese vor seiner Staffelei. Was aber war es, was er in Paestum malte? Es war ein kleines possierliches Eselchen. Herzlich lachten wir darüber, daß er nach Paestum gefahren sei, um

einen Esel zu konterfeien. Die Rückfahrt ging über Perugia, Ferrara und Venedig. Da Webers Mutter gestorben war, fuhren wir rascher als beabsichtigt nach Deutschland zurück.
Anfang 1936 hatte ich den Eindruck, daß sich Weber von der Widerstandsarbeit distanzierte. Er mochte für seine große Familie Sorge tragen. Weber kam nicht mehr nach Berlin, die Briefe wurden seltener, und ihr Ton begann mir zu mißfallen. 1937 wurde auch er verhaftet. Nach seiner Freilassung aus dem Nürnberger Gestapogefängnis – ihm wurde nicht der Prozeß gemacht – lieferte er für den Nibelungenverlag das Englandbuch, das in der wirksamen Art seiner Zeichnungen nun im Dienste Hitlers Propaganda gegen England trieb.
Nach 1945 vergaben ihm die Engländer, und Weber erhielt wieder die Erlaubnis auszustellen."

Im Strudel der dreißiger Jahre

In der Tat war für Weber das Zusammentreffen mit Ernst Niekisch gegen Ende der zwanziger Jahre von entscheidender Bedeutung für sein späteres Leben, besonders auch für seine politischen Ansichten und damit natürlich auch für seine kritische Graphik. A. Paul Weber geriet, so könnte man sagen, in den Bann dieses offenbar höchst eigenwilligen und unerschrockenen Politikers, der, wie man aus seinen Schriften schließen kann, ein Mann mit hoher literarischer, philosophischer und historischer Bildung war. Dazu zeichnete ihn eine außergewöhnliche Festigkeit des Charakters aus. Der wesentliche Inhalt seiner Politik – ein aus preußischem Geist gestaltetes national-revolutionäres, d. h. sozialistisches Deutschland mit außenpolitischer Anlehnung an die Sowjetunion – war höchst umstritten. Niekisch gelang es damals nicht, zahlenmäßig bedeutende Teile der Wählerschaft oder einer Partei für seine Ideen zu gewinnen. Vielleicht fehlte ihm die Kunst des Umgangs mit dem gängigen politischen Instrumentarium, wie man es benötigt, um größere Massen für sich und seine Ideen zu gewinnen. Im politisch-intellektuellen Bereich eroberte sich jedoch der von ihm gegründete Widerstandsverlag mit seinen Publikationen, insbesondere mit der Monatsschrift „Widerstand", Zeitschrift für nationalrevolutionäre Politik, eine beachtete Stellung. Weber war Mitherausgeber und Illustrator des „Widerstand". Die bleibende Bedeutung Ernst Niekischs und seiner Freunde kann man heute in ihrem kompromißlosen, leidenschaftlichen publizistischen Kampf gegen das heraufziehende und dann gegen das etablierte nationalsozialistische Regime sehen. Niekisch konnte 1958, gelähmt und erblindet nach langjährigem Zuchthausaufenthalt, mit berechtigtem Stolz rückblickend feststellen:

„Man wird kaum leugnen können, daß der Widerstandsverlag während der Hitlerzeit eine wichtige Funktion erfüllte. Inmitten des Zwanges und der Greuel einer terroristischen Diktatur war der Verlag, bis zu seiner Zerstörung im Jahre 1937, eine Plattform, auf welcher der Geist noch unerschrocken die Sache der Freiheit des Denkens und der Kritik verfocht."

A. Paul Webers berühmte Zeichnungen zu Niekischs Buch „Hitler, ein deutsches Verhängnis", Berlin, 1932, waren von einer politisch-prophetischen Aussagekraft ohnegleichen. Kein anderer Künstler hat das grauenvolle Desaster, wie es Hitler später herbeiführte, mit solcher Klarheit im voraus erkannt und aufgezeichnet. Eine Diktatur kann keine Kritik ertragen, sie muß sie, wo immer sie auftaucht, zum Schweigen bringen. Kein Wunder, daß solche Schriften wie „Das Reich der niederen Dämonen" oder „Hitler, ein deutsches Verhängnis“ sowohl Ernst Niekisch als auch seinen politischen Freunden schließlich selbst zum Verhängnis wurden. Niekisch wurde im März, Weber am 1. Juli 1937, übrigens beim Zeichnen in der Heide, verhaftet. Webers Haftstationen waren Hamburg-Fuhlsbüttel, Berlin und das Gefängnis zu Nürnberg, aus dem er Mitte Dezember 1937 entlassen wurde. Zu einem Gerichtsverfahren gegen ihn kam es nicht. Dagegen wurden die politischen Freunde Niekisch, Dr. Drexel und Karl Tröger im Januar 1939 nach mehrtägiger Verhandlung durch den Volksgerichtshof, Berlin, verurteilt. Am schlimmsten traf es Niekisch mit lebenslänglicher Zuchthausstrafe; Dr. Drexel erhielt vier Jahre Zuchthaus, während Tröger mit eindreiviertel Jahren Gefängnis davonkam.

Weber hat dieses eigene Erleben und auch das seiner Freunde zutiefst getroffen. Man kann durchaus annehmen, daß seine lebenslange Skepsis und seine zumindest zeitweilig abgrundtiefe Abneigung gegen Richter und Gerichtsverfahren hier ihren Ursprung haben. Niekisch hat übrigens die schlimmen Jahre, die er bis zum Jahre 1945 in NS-Zuchthäusern verbracht hat, in seinem Erinnerungsbuch „Gewagtes Leben“ sachlich, ohne Jammern und Klagen beschrieben – um so erschütternder ist die Lektüre.

Weber hat den körperlich ruinierten, geistig jedoch ungebrochenen Freund gemalt und hat öffentlich graphische Anklage erhoben gegen den höchst bedenklichen Verlauf des von Niekisch angestrengten Wiedergutmachungsverfahrens (vergl. hierzu Josef E. Drexel „Der Fall Niekisch", Köln und Berlin 1964, sowie Karl Korn „Michael Kohlhaas 1964", in „Frankfurter Allgemeine Zeitung" vom 16. 6. 1964).

In einer solchen Diktatur, die stets auch auf die Versklavung der Gewissen abzielt, ist es nur schwer möglich, als Handelnder unbehelligt zu leben, ohne schuldig zu werden. Ganz erfüllt von seinem inneren Auftrag des „Bilderschaffens", aber auch von tiefer Sorge für die große Familie wollte Weber mit den Seinen jenes ihnen widerwärtige „Reich der niederen Dämonen" durchstehen und überleben. Dafür hat er gezahlt, wenn auch mit kleinster Münze. Noch Jahre nach dem Verhängnis, vor dessen furchtbarem Ausmaß er so eindringlich gewarnt hatte, mußte er sich gegen leichtfertige Anwürfe pharisäischer Alleswisser verteidigen. Er mußte sich, so empfand er es selbst, dafür entschuldigen, daß er nicht am Galgen oder im Konzentrationslager geendet hatte. – Weber hat, Gott sei Dank, überlebt.

Bis an sein Lebensende haben sich bei ihm Bilder gerade aus jenen Jahren festgesetzt, die er immer wieder neu durchdacht und von neuem auch für unsere Zeit zeichnerisch formuliert hat. Sie müssen in diesem Zusammenhang wenigstens genannt werden: es sind dies Webers Gefangenenbilder. Sie lösen überall, wo immer in der Welt sie ausgestellt werden, nur tiefste Betroffenheit aus. Mit ihnen ist es ihm gelungen, all das sichtbar zu machen, was sich nur unzureichend als hoffnungslose Verlassenheit, als letzte menschliche Verlorenheit ausdrücken läßt. Diese Blätter werden Bestand haben, so lange Gerechtigkeit und Menschlichkeit gelebt werden.

Die Bilder

Typisches

Die Karikatur zeigt überdeutlich den Menschen, wie er in seiner ganz besonderen Gestalt, seinem Gehabe, in seinen spezifischen Eigenschaften geprägt ist. Eine gute Karikatur bringt dazu noch etwas, was den Charakter des Abgebildeten im ganz bestimmten Sinne ausmacht. Der Karikaturist zielt gern auf menschliche Schwachstellen und neigt zu deren Bloßlegung. Im Bereich des Berufslebens ergeben sich für den Karikaturisten aus der Ähnlichkeit sich wiederholender, berufsbedingter Gesten, Bewegungen, Haltungen, auch der Kleidung usw. eben jene überindividuellen, berufsbezogenen Eigenarten, wie sie schließlich in dem Typ des Richters, oder des Anwalts usw. erkennbar werden.
Die Satire verbindet mit der Karikatur die Absicht der Verspottung und der Anprangerung. Sie will Mißliches und Schädliches aufzeigen und zur Abhilfe auffordern. Als Karikatur im Sinne der obigen Ausführungen könnte der hier abgebildete „Staatsanwalt zu Hause“ angesehen werden, wenn auch der Staatsanwalt be-

rufstypisch eben nicht zu Hause auftritt. Das Blatt wurde zuerst abgebildet im Simplizissimus, Jahrgang 1958. Ein mit Schlafrock, Hausschlappen und einer Art Tag-Nachtmütze bekleideter Herr beschneidet mit pedantischer Gewissenhaftigkeit die Stacheln des auf einem Blumentisch stehenden Kaktus. Er tut dies mittels einer großen Papierschere, vor deren Zuschnitt sich der verängstigte Kaktus vergebens abzuwenden versucht. Etwas häuslich Gutbürgerliches, korrekt Beamtenmäßiges haftet dem hirnrissigen Freizeitgestalter an. Man glaubt es kaum, daß er tagsüber im Gerichtssaal mit in scharfem Ton gehaltenen Vorhaltungen, Fragen und Anträgen vielleicht den Angeklagten das Fürchtenlernen beibringen möchte. Dieses Blatt wirkt auf den ersten Blick leicht verrückt – amüsant, hätte man nicht bei näherem Hinsehen den fatalen Eindruck, bei dem Abgebildeten könnte es sich um Heinrich Himmler handeln.

Das erste von Weber bekannte Richterbild ist in dem Buch „Demokratenspiegel“ von Henry Louis Mencken, „Widerstands-verlag“, Berlin 1930, zu finden. Weber selbst hatte den Herausgeber schon mit seinem Brief vom 14. November 1952, also vor rund 30 Jahren darauf aufmerksam gemacht, in dem er schrieb „. . . u. a. ist da auch ein *Richter* abgebildet – eine Satire zu dem

‚Demokratenspiegel' des Deutsch-Amerikaners H. Mencken. Von dieser Art – über diesen Stand entstand im Laufe der Jahre gewiß schon noch mehr als diese – doch ist das alles verstreut und wohl auch in Gedanken und in der Form überholt."

Bei dem „Demokratenspiegel" handelt es sich übrigens um eine temperamentvoll geschriebene Polemik gegen Theorie und Praxis der Demokratie in den Vereinigten Staaten von Amerika; das Buch wird eingeleitet von Dr. Joseph Drexel. Der „Richter" ist eine von insgesamt neun Lithographien, mit denen Weber das Werk illustriert hat. Das Original dieser Abbildung befindet sich heute im A. Paul Weber-Haus zu Ratzeburg. Der Sinn dieser Satire ist leicht zu erraten. Er gleicht von seiner Tendenz her durchaus dem „Taschenrichter", wie er in der Bambergensis abgebildet ist. Bemerkenswert ist vielleicht noch, daß im Bilde ganz vorn auf dem Tisch ein Kruzifix steht, hinter dessen Zeichen sich der gemeine Vorgang der Bestechung abspielt.
Um echte Richterkarikaturen handelt es sich bei den zwei hier wiedergegebenen Zeichnungen „Untersuchungsrichter", „Richter mit Buch" aus dem Jahre 1971.

1 Der Staatsanwalt zu Hause

2 Der bestechliche Richter

3 Der Untersuchungsrichter

4 Richter mit Buch

Paragraphisches

Das aus der griechischen Kultur übernommene Zeichen trennender Ordnung ist quasi das Markenzeichen des Rechts überhaupt geworden. Seine exotische Form verursacht schon bei dem sich noch in Handschrift Mitteilenden einige Schwierigkeiten. Für einen Künstler wie A. Paul Weber aber ist der Paragraph „gefundenes Fressen" für seine unglaublich begierige Phantasie. Unter seiner Feder verwandelt sich das zum nüchternen Aktengebrauch bestimmte Ordnungszeichen zum höchst lebendigen Wesen.

Im *„Regreß"* z. B. wird der Paragraph zu einem bösartigen Schlangentier, das eine vor Entsetzen eingeknickte dümmlich-ängstlich wirkende Richtergestalt von hinten angreift und mit dürren Händen fest umklammert. Der Biß des Ungeheuers geht voll in das dicke Genick des Unglücklichen, der auf einem kleinen Berg von Akten wahrlich keinen festen Stand hat. – Regreß ist der Rückgriff, wie er im Bereich der Amtshaftung vom ent-

schädigungspflichtigen Staat am verantwortlichen Beamten unter bestimmten Voraussetzungen genommen werden kann. Die hier abgebildete Zeichnung ist sowohl im Detail wie auch im ganzen noch drastischer und wirkungsvoller als die entsprechende Lithographie im „Kritischen Kalender" 1973.
Man entsetzt sich schon, wenn aus der Zirkuswelt gemeldet wird, ein Dompteur sei von seinem Lieblingsraubtier zerrissen worden. Einen ähnlichen Effekt möchte Weber auch mit seinen Regreß-Bildern erzielen. Auch wenn die Paragraphenbestie nur der Phantasie des Künstlers entsprungen ist, wirkt das Bild nicht weniger schauerlich als jene Tasgesmeldung.
Daß durch das Gesetz menschliche Existenz, sogar die eines Rechtskundigen, zerstört werden kann – diese Erkenntnis bleibt zurück.

Das *„Paragraphenopfer"* ist in diesem wilden Spiel der Weberschen Phantasie ein bedrohlicher, ja, visionärer Höhepunkt. Dem unmäßig vollgefressenen Dickwanst quellen Paragraphen aus Mund und Ohren. Die Augen sind vor Entsetzen geweitet, die Beine haben ihren Dienst längst versagt. Killerparagraphen haben ihr unglückliches Opfer an beiden Seiten eingehakt und schleifen es zur Richtstätte, an den Rand des Abgrundes, in den es hinuntergeworfen wird. – Das Ende einer Existenz, deren Dasein nur noch durch Vorschriften, Gesetze, Reglementierungen aller Art aufrechterhalten worden war. Dieses Blatt ist eines der bedeutenden, wenn auch schrecklich anzusehenden Warnsignale, wie sie A. Paul Weber aufgestellt hat für alle modernen Bürokratien, in welcher Form sie auch immer regiert werden.

Hiergegen bedeutet der *„Paragraphenschlüpfer"* in Form wie im Inhalt ein wahres Kontrastprogramm. Schon die Bildidee ist überraschend. Eine über die ganze Breite des Bildes angelegte, fast begeisternd schöne Ornamentik aus Paragraphenzeichen – wären da nicht jene zwei nur mit Brillen bekleidete Gestalten, die sich soeben mittels langer Finger und noch längerer Riecher aus der schier undurchdringlichen Paragraphenwand herausgewunden haben. Diese beiden kennen alle Gesetze und Vorschriften wahrscheinlich genau. Rechtskenntnis allein aber genügt nach diesem Blatt nicht. Hier kommt es auf das Kennen von Lücken an, von Lücken im Gesetz, um zum Ziel zu kommen – einer der seltenen Fälle, in denen Lückenhaftigkeit von Nutzen ist. All dem kommt die bauchige Form des Paragraphenzeichens durchaus entgegen. Weber wollte wahrscheinlich die ganz Raffinierten, die Gerissenen im Rechtsleben demaskieren. Aber ist es nicht irgendwie auch beruhigend, daß es so etwas gibt, wie Lücken im Gesetz – die doch nichts anderes bedeuten als minimale Freiräume?

Bleibt noch ein Hinweis auf jenen „*Paragraphenmann*" mit langhaarigem Richterkopf, der mit seinem Aktenbündel unterm Arm auf aktenbedecktem Boden zielbewußt mit großen Schritten dahergeht. Diese Tintenzeichnung hat der Künstler 1971 seinem damaligen Gastgeber heimlich ins Gästebuch gezeichnet.

5 Der Regreß I

6 Der Regreß II

7 Das Paragraphenopfer

8 Die Paragraphenschlüpfer

9 Der Paragraphenrichter

Allegorisches – Symbolisches

Versteht man unter Allegorie die Verbildlichung eines abstrakten Begriffs oder Vorgangs, zum Beispiel durch Verkörperung einer Person, und unter Symbolik die sinnbildliche Darstellung einer Bedeutung, zum Beispiel in Form eines Gegenstandes, so finden sich unter Webers justizkritischen Blättern einige dieses Inhalts.

Sie entziehen sich mitunter jedoch einer eindeutigen Zuordnung. Die der Allegorie innewohnende gedankliche Verknüpfung und Tendenz, sowie die Erkennung der sinnbildlichen Bedeutung, erschließt sich bei manchen der grotesk-phantastisch anmutenden Arbeiten auch einem künstlerisch sensitiven Betrachter nicht schon auf den ersten Blick. Erst das rationale Nachvollziehen, Nachschauen und Überprüfen der Darstellung führt zum Verständnis. Das macht die Eigentümlichkeit, zugleich auch den besonderen Reiz manches bedeutenden Blattes des Künstlers aus.

„Im Schneckentempo“, so nennen wir die erste der Zeichungen in diesem Abschnitt. Sie ist ein Unikat, so weit wir sehen, weder lithographiert noch irgendwo abgebildet worden. Weber hat ihr auch keine Unterschrift gegeben.

Zu sehen sind auf dem Blatt Requisiten, wie sie der Künstler gerne genutzt hat: ein Drahtseil, eine Schnecke, die Waage, die Maske, das Barett und schließlich zwei Schmetterlingsflügel, mit denen der auf der Schnecke Sitzende sich – falls der Drahtseilakt mißlingt – notfalls irgendwie in der Luft behelfen könnte. Spaßig ist, daß der Reiter das Schneckentempo mit feinen Zügeln weiterhin drosseln kann. Daß die Ohren der reitenden Gestalt diejenigen irgendeines Tieres sind, das ist bei A. Paul Weber nichts Besonderes. Man kann jetzt, wenn man will, angestrengt hin und her überlegen, was Webers zweites Gesicht da hat auf der Schnecke reiten sehen. Ist es die Justizreform, die sich Jahrzente lang hinzog und noch hinzieht, deren er allerdings in einem anderen Blatt ausdrücklich gedacht hat? Ist es vielleicht das Gerichtsverfahren schlechthin, das in seinem Schneckentempo für den Rechtsuchenden dazu noch oft genug einem Balanceakt gleichkommt? Oder was hat A. Paul Weber sonst gedacht, als er das Haupt in die Hand gestützt, wahrscheinlich bei

10 Im Schneckentempo

Nacht, hier seine besonders feinen Striche geduldig, nachdenklich und gewissenhaft zu Papier brachte?

Die Waage

Das Thema ist seit alters her bekannt: Die Waage als weltliches und geistliches Symbol der Gerechtigkeit. (Vergl. hierzu Gerd Heinz-Mohr, Lexikon der Symbole, Köln, 1971, S. 298). „Gewogen und zu leicht befunden", so lautet die dazu gehörige Spruchweisheit, auf die A. Paul Weber unmittelbar eingeht. Diese Weisheit ist, wie so oft, biblischer Herkunft, und hat ihren Ursprung im Buche des Propheten Daniel, Kap. 5 Vers 1 ff. Auf dem Höhepunkt eines von Belsazar, dem König von Babylon veranstalteten Gelages werden auf seinen Wunsch hin die von König Nebukadnezar aus dem Tempel von Jerusalem geraubten goldenen Kultgefäße herbeigeholt und zum Trinken benutzt. Da sieht Belsazar plötzlich, wie von unsichtbarer Hand an die weißgekalkte Saalwand etwas geschrieben wird. Der herbeigerufene Prophet Daniel deutet dem König diese Schrift wie folgt: Mene, Mene, Tekel und Parsin und legt sie so aus:

Mene d. h. gezählt hat Gott dein Königtum und macht ihm ein Ende
Tekel d. h. gewogen wurdest du auf der Waage und zu leicht befunden
Parsin d. h. geteilt wird dein Reich und den Medern und Persern übergeben.

Dieses „Gewogen und zu leicht befunden" deutet Weber auf seine typische Weise. Aufgewogen wird bei ihm die Justiz selbst, vertreten durch einen Richter, gegenüber dem verurteilten Rechtsbrecher. A. Paul Weber ist mit diesem Thema eine klassische Justizallegorie gelungen. Es ist besonders reizvoll, die hier abgebildete Zeichnung mit der Lithographie zu vergleichen.
In der *Zeichnung* ist die Achse der Waage eine metallene Figur der Justitia. Der an ihr befestigte große Zeiger weist auf die Mitte der – vom Betrachter aus gesehen – rechten Hälfte der Skala hin. Das bedeutet, die Waage hat sich bereits zugunsten des im Sträflingsanzug steckenden angeketteten Gefangenen gesenkt. Der aber scheint sich seiner letztlich günstigen Lage noch nicht bewußt zu sein. Mit emporgestreckten bittenden Händen blickt er, Erbarmung heischend, zu seinem Richter. Dieser sitzt in seiner

11 Die Waage I

mit zwei dicken Folianten zusätzlich beschwerten Waagschale. Barett, Allongeperücke mit Zopf, große dunkle Brille, Robe und Gesetzbuch kennzeichnen ihn als Vertreter seines Standes. Auch er scheint seine Situation, wie sie die Waage bereits deutlich anzeigt, noch nicht zu kennen. Immer noch macht er seinem armseligen Gegenüber harte Vorwürfe und Vorhaltungen. Unter dem Tisch, auf dem die Gewichte liegen, da türmen sich Akten, die Menge. Von rechts kommt eine Schnecke, von links eine große Spinne – Sinnbilder für nicht endenwollende Dauer des Gerichtsverfahrens.

Im Bilde der *Lithographie* ist eine Zeitverschiebung im Verhältnis zur Zeichnung zu bemerken. Der Vorgang des Wiegens hat ein neues Stadium, das Endstadium erreicht. Der Zeiger ist am Ende der Skala angelangt. Die Waagschale des Gefangenen ist jetzt eindeutig unten, die des Richters oben. Damit wird offenkundig, daß er, der Richter, gewogen und für zu leicht befunden worden ist. Die als Achse der Waage fungierende eiserne Justitia ist jetzt recht menschlich, ja, sie ist eine mit allen Attributen der Weiblichkeit vorzüglich ausgestattete junge Dame geworden, bei der man es bedauert, daß sie die – vermutlich schönen – Augen verbunden hat.

12 Die Waage II

Auch bei den Gestalten in der Waagschale hat sich allerhand geändert. Unser Sträfling, zwar immer noch in Ketten, blickt jetzt mit philosophischer Gelassenheit geradezu nachsichtig, ja, sogar bedauernd, auf sein im wahren Wortsinn Gegen*über*. Eine physiognomische Ähnlichkeit mit A. Paul Weber ist deutlich erkennbar. Der Richter aber sitzt jetzt als ziemlich hohes Gericht wenig glücklich auf seinen Folianten. Das Raubvogelgesicht bleibt verbissen sprachlos. In das Symbolgetier zu beiden Seiten des Tisches scheint Bewegung gekommen zu sein. Die Schnecke, ein wenig weiter aus ihrem Haus gekrochen, zeigt Interesse für die Vorgänge bei der Waage, besonders für den, der in der abgesenkten Waagschale sitzt. Die schwarze Spinne besteigt eines der Aktenbündel, um näher dabei zu sein.

Wenn die Ideenskizze *„Die Kelter"* hier wiedergegeben wird, dann folgt der Herausgeber ebenfalls dem Willen des Künstlers, der auch dieses Blatt in diesem Zusammenhang offenbar als wichtig ansah. Weber hatte hierbei, ähnlich wie bei dem Thema „Die Waage", biblische Bilder des alten Testaments im Sinn, in denen die Kelter als Sinnbild des Gerichtes und zwar des Gottesgerichtes angesehen wird. (Vergl. auch hierzu Gerd Heinz-Mohr,

13 Die Kelter

Lexikon der Symbole, Köln, 1971). So heißt es z. B. bei Joel, Kapt. 4, Vers 12–13:

„Die Völker mögen sich aufmachen und hinaufziehen zum Tale Josaphat. Denn dort will ich zu Gericht sitzen über alle Völker ringsum. Legt an die Sichel, denn reif ist die Ernte. Kommet und stampfet, denn voll ist die Kelter. Es laufen über die Kufen, denn groß ist ihre Bosheit!" (Übersetzung nach „Jerusalemer Bibel", Herder, 1968).

Auf dem leider unvollendet gebliebenen Blatt sind fünf Menschen zu erkennen, an denen das Gericht im alttestamentarischen Sinne vollzogen wird – ein Soldat, eine Dame, ein König, und ein Bürger. Nur das Mädchen in der Bildmitte hat in Erwartung des letzten Gerichts die Hände im Gebet gefaltet.
Man sieht nicht wer es ist, der das Gericht durch die Kelter vollzieht.
Es bleibt noch zu vermerken, daß diese Skizze, Größe 58x44 cm, sich auf der Rückseite einer Entwurfskizze zu „Splitter und Balken" vom 29. Oktober 1958 befindet.
Zu dem Blatt „*Wie weht der Wind*"? sind zwei Zeichungen auf Um-

14 Wie weht der Wind I

15 Wie weht der Wind II

druckpapier und die Lithographie vom 2. August 1965 vorhanden, die im „Kritischen Kalender 1968" wiedergegeben ist. Der auf einer Wetterfahne aufgespießte Richter übertrifft durch seine körperliche Gewichtigkeit seine dasselbe Schicksal erleidenden kleinen Kollegen. Die Bildidee kehrt bei Weber in abgewandelter Form häufiger wieder. Man kann hierüber bei Gerd Wolandt, Studien zum Werk von A. Paul Weber, Hamburg 1979, Interessantes nachlesen. Daß es gerade Richter sind, die ohne Orientierung und ohne festen Halt, schwankenden Rohren gleich, dem Winde ausgesetzt sind, ist für die Gesellschaft wahrhaft bedrohlich. Schwer deutbar mag das Seil mit der Schlinge sein, das der „vorschwebende Richter" in den Händen hält. Möglicherweise steht es im Zusammenhang mit der auch in den sechziger Jahren wieder aufgeflammten Diskussion um die Wiedereinführung der Todesstrafe.

Splitter und Balken

Für den in Bildern denkenden Künstler war die auf biblischen Text zurückgehende Spruchweisheit ein Schlüsselwort zu seiner

Vorstellung von Gerechtigkeit, auch im Sinne von Selbstgerechtigkeit. Es ist gut, ja, notwendig, sich zunächst einmal den einschlägigen Text vor Augen zu halten. Im Neuen Testament bei Matthäus 7, 1–5 heißt es

„Richtet nicht, auf daß ihr nicht gerichtet werdet.
Denn mit welcherlei Gericht ihr richtet, werdet ihr gerichtet werden; und mit welcherlei Maß ihr messet, wird euch gemessen werden.
Was siehest du aber den Splitter in deines Bruders Auge und wirst nicht gewahr des Balkens in deinem Auge? Oder wie darfst du sagen zu deinem Bruder: Halt, ich will dir den Splitter aus deinem Auge ziehen? Und siehe, ein Balken ist in deinem Auge.
Du Heuchler, zieh zuerst den Balken aus deinem Auge; danach sieh zu, wie du den Splitter aus deines Bruders Auge ziehest."

Wir wissen nicht, ob und wie weit man A. Paul Weber bibelfest nennen darf. Ganz gewiß hat der 1893 in Arnstadt (Thüringen) geborene und dort aufgewachsene Künstler während seiner Schulzeit eingehenden Unterricht in der Heiligen Schrift erhalten. Von dem im Jahre 1891 in der ebenfalls thüringischen Stadt

Gera geborenen Otto Dix weiß man das genau – schon durch seine Illustrationen zum Matthäus-Evangelium (1960).
Wie dem auch sei, man wird im folgenden erkennen, wie A. Paul Weber auf seine Weise das bekannte Wort der Bergpredigt zeichnerisch interpretiert hat. Zunächst hat Weber den Bibeltext in der Übersetzung Martin Luthers beim Wort genommen, d. h. er hat ihn ohne Umschweife unbekümmert auf das Richten, auf das Urteilen im Sinne des justiziellen Handelns bezogen. Sodann hat er es in einer Reihe von Entwürfen unternommen, den für ihn wichtigsten Teil der Verse ins Bild umzusetzen. Wahrscheinlich ist es allein schon ein recht problematisches Unterfangen, das so eindrucksvoll bildhafte Gleichnis unmittelbar aufs Zeichenpapier zu übertragen. Sieht man einmal genauer hin, so muß man fragen: Hat diese Direktübertragung vom Wort ins Bild überhaupt so stattgefunden? Es geht hier um die Stelle, in der es heißt,
„Du Heuchler, zieh zuerst den Balken aus deinem Auge; danach sieh zu, wie du den Splitter aus deines Bruders Auge ziehest."

A. Paul Weber, von Natur aus praktisch und nachdenklich zugleich, fragt sich, ob denn jener Heuchler überhaupt imstande sei, sich selbst den Balken aus dem Auge herauszunehmen.

Auf der Entwurfzeichnung Abb. 16 steht er da, der Heuchler-Richter. Aus dem Auge ist ihm ein gewaltiger Balken gewachsen. Schon hat er das erforderliche Werkzeug parat – Baumsäge und Axt – doch, er kann sich auch damit nicht ohne fremde Hilfe des Balkens entledigen. So schaut er hilfesuchend auf sein Gegenüber, den kahlgeschorenen Gauner mit Splitter im linken Auge. Der versteht gewiß etwas von Splittern und Balken im menschlichen Leben und wie man mit so etwas fertig wird. Er schaut sich sachverständig das gewaltige Augenholz an und überlegt, während seine Linke das Kinn stützt. Mit der Zange in der rechten Hand will er offenbar zu gegebener Zeit den Splitter aus seinem Auge herausholen. Das Ergebnis der Überlegungen unseres Splitterträgers wird in den Zeichnungen Abb. 17 und Abb. 18, vor allem aus der endgültigen Lithographie Abb. 19 sichtbar: Offenbar noch zu Beginn der Gerichtsverhandlung wird der Angeklagte aktiv. Mit kräftigen Armen umfaßt er den Balken des unter dieser Prozedur heftig leidenden Richters und beginnt, das Holz zu entfernen. Unwissende Beisitzer schauen ratlos aufgeregt durch große dunkle Brillen zu. Im Entwurf Abb. 18 wird diese bewegte Szene noch durch den Auftritt eines Wachtmeisters verdeutlicht. A. Paul Webers Bibelinterpretationen, ja, Bibelergänzung ist

16 Splitter und Balken I

17 Splitter und Balken II

18 Splitter und Balken III

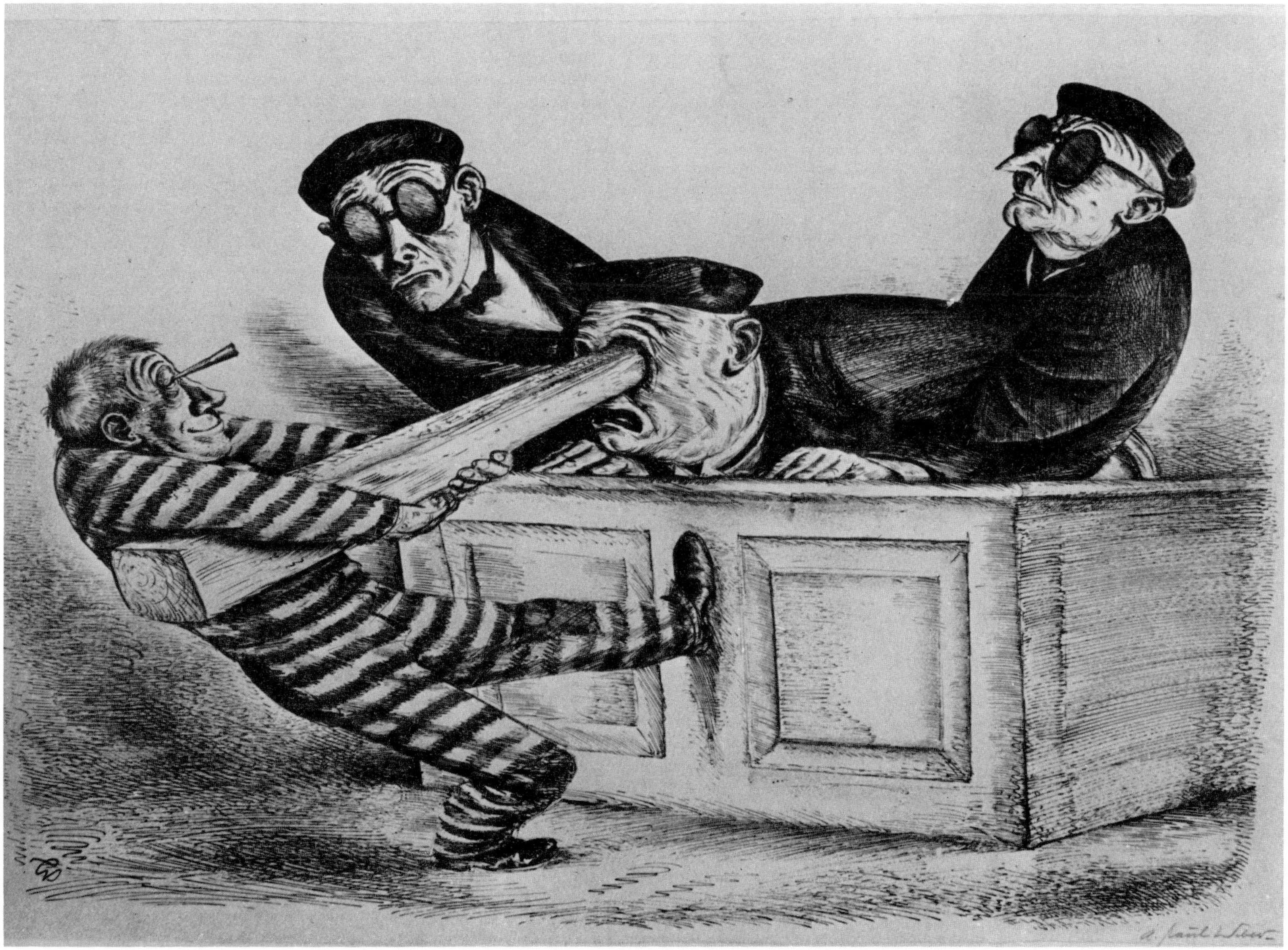

19 Splitter und Balken IV

schon höchst eigenwillig zu nennen, zugleich aber auch menschlich sympathisch. Der mit offensichtlich nur kleinen Fehlern behaftete Angeklagte hilft seinem schwerbelasteten Richter von Schuld loszukommen, damit danach über ihn, den Angklagten, im Sinne der Schrift geurteilt werden könne.

Wie schon im Bilde von der „Waage“ liegt auch in den vorgestellten Blättern Webers ganze Sympathie auf der Seite des kleinen Mannes mit dem Sträflingsanzug, während der Dicke in der Robe bloßgestellt und verspottet wird. Aber auch ihm, dem Träger von Barett und Robe, kann geholfen werden – nach Webers Ansicht von dem, der vor dem Tisch des Richters steht.

Beider Schicksale sind auf diese Weise unlösbar miteinander verbunden.

Verfahrenes

Unter dieser Überschrift sind, wie nicht schwer zu erraten ist, einige Bilder zusammengefaßt, die – wie auch immer – im Zusammenhang mit dem Gerichtsverfahren selbst gesehen werden können.
Sie werden eingeleitet mit dem höchst eindrucksvollen Bild eines Richters, der, offenbar während der Sitzung, völlig unvermittelt in den Schlaf gesunken ist. Schlafende Richter sind als Thema der Karikatur beliebt. Sie kommen vor bei Daumier, oder in einem Kupferstich des Engländers William Hogarth (1697–1764), und sollen – wie man ab und zu hört – auch in dem vorkommen, was man das „richtige Leben" nennt! A. Paul Weber hat dem Bilde mit der Unterschrift *„Justizreform"* die von ihm beabsichtigte Tendenz gegeben. – Mit einem aus Portugal geschriebenen Brief vom 25. Juni 1966 bat er den Verfasser, ihm bei der Suche „um einen nachbarlichen Text" zu diesem Bilde behilflich zu sein. Er habe es für den „Kritischen Kalender" 1967 vorgesehen. Das

20 Justizreform

21 Die weißen Westen

Blatt sei übrigens zuerst in einer Berliner Juristenzeitung abgebildet worden. Er selbst denke an ein Wort von Gustav Radbruch. Weber übernahm dann folgenden Satz aus Radbruchs „Vorschule der Rechtsphilosophie", Göttingen, 1959: „Es ist eine Notwendigkeit des juristischen Berufes, sich zugleich seiner Hoheit und seiner tiefen Fragwürdigkeit in jedem Augenblick bewußt zu werden."

Wie der Verfasser übrigens kürzlich erfahren hat, war es gerade dieses Bild, durch das Gustav Heinemann, Bundesjustizminister der sog. Großen Koalition (ab 1. Dezember 1966) schließlich in persönlichen Kontakt zum Künstler gekommen ist. Daß die Justizreform, insbesondere die Strafrechtsreform, Heinemanns besonderes Anliegen war, darf bei dieser Gelegenheit in Erinnerung gerufen werden.

Das zweite Bild, *„Die weißen Westen"*, bedarf keines Kommentars. Nur der Hinweis auf die „Herren" im unteren Teil des Bildes, deren Westen gerade richterlich gereinigt werden, sei gestattet. Hier werden von Weber nicht irgendwelche, gleichsam zeitlose Gaunergesichter abgebildet, wie sie zum Beispiel auch bei Daumier vorkommen könnten. Diese Visagen können nur aus einem speziellen Verbrecheralbum unserer Tage entnommen sein – eine keineswegs beruhigende oder für uns gar schmeichelhafte Feststellung!

„Lokaltermin" ist ein wahres „Schmunzelbild" voller Witz und Situationskomik. Die Bettlektüre, in die das ungleiche Paar vertieft ist, dürfte Vladimir Nabokovs „Lolita" sein – eine der literarisch bedeutendsten, vom Inhalt her zugleich umstrittensten Liebesromane des großen exilrussischen Romanciers und Schmetterlingsforschers (1899–1977). Das Buch hat nach seinem Erscheinen zahlreiche Gerichte beschäftigt.

Mit der *„Wahrheitsfindung"* zielt und trifft der Künstler genau das Problem der Sachverständigengutachten zur Frage der Zurechnungsfähigkeit des Angeklagten im Strafprozeß. Webers in eisernem Käfig vorgeführter Angeklagter ist offensichtlich der einzig wirklich Vernünftige und Zurechnungsfähige unter allen im Verfahren agierenden Personen, gleich ob Richter, Sachverständiger oder Reporter. Der eiserne Käfig spielt auf einen in Münster stattgefundenen Strafprozeß an.

„Im Namen des Volkes" heißt eine der typisch Weberschen Darstellungen einer Hysterie der Massen. In der halbmondförmigen Aufteilung der Bildfläche dominieren die aggressionsgeladenen, wahrhaft gespenstig anmutenden Gesichter der Masse in be-

drohlichster Weise gegenüber den bedrückt und verängstigt wirkenden, deshalb kleiner gezeichneten Beteiligten des Verfahrens. Angeklagt wird von Weber also die – von wem und in wessen Interesse auch immer – angeheizte, aufgeputschte „Stimme des Volkes“, jenes angeblich „gesunde Volksempfinden“, das jedem Recht und jeder Gerechtigkeit widerspricht. Ein uralter Konflikt wird hier aufgezeigt, wie er in der Rechtsgeschichte leider oft genug zu Lasten des Rechts beendet worden ist.

22 Lokaltermin

23 Wahrheitsfindung

24 Im Namen des Volkes

Zeitgeschichtliches

Verständlicherweise dominieren in diesem Abschnitt die Themen der justiziellen Vergangenheitsbewältigung.
Auf Ernst Niekischs Wiedergutmachungsverfahren – weiter oben wurde bereits darauf hingewiesen – zielen die Blätter „Niemand war zuständig!“
Hierhin und nicht in den folgenden Bereich der Tierfabelbilder wurde das Bild „Unschuldslamm“ eingeordnet. Bei diesem Blatt handelt es sich um eine der bittersten Anklagen A. Paul Webers gegen solche Richter, die widerstandslos und willfährig den verbrecherischen Willen des NS-Regimes vollzogen und mit ihren Urteilen eine Bilanz des Schreckens hinterlassen haben.

25 Kriegsverbrecher

26 Reichlich spät

27 Niemand war zuständig I

28 Niemand war zuständig II

29 Steigbügelhalter

30 Das Unschuldslamm

Fabelhaftes

A. Paul Weber war ganz und gar Naturmensch. Wie es in Volksliedern gerne heißt, im Wald, auf der Heide und in der Flur fühlte er sich wie daheim. Sein langes Künstlerleben hindurch hat er unentwegt Tiere gezeichnet. Fuchs, Hase und Igel sprangen ihm nur so aus der Feder. Die Summe seiner phantasievollen Tierstudien hat er 1974 in seinem „Tierbilderbuch" gezogen. Dieses von Günther Nicolin eingeleitete Werk könnte auch „A. Paul Webers Tierleben" heißen. Es gehört zu den schönsten Büchern seiner Art.

Es müßte nicht A. Paul Weber gewesen sein, wäre nicht auch in seinen Bildern immer wieder den Tieren im Sinne der Fabel menschliche Rollen zugedacht worden. Das geschah, ähnlich wie bei Grandville (1803–1847) durch Illustration klassischer Fabeldichtung, wie z. B. in Goethes „Reineke Fuchs", 1977. Häufiger wird das bei seinen nach freiem Bildeinfall geschaffenen Blättern sichtbar.

Die hier wiedergegebenen Bilder, in denen Tiere den menschlichen Part im Rechtsleben übernommen haben, sprechen für sich, so das Blatt von den idyllisch-konzentriert schachspielenden Füchsen in der Anwaltsrobe, oder die „mildernden Umstände". Nur zu den Blättern „Maskerade" glaubte der Herausgeber einige Erläuterungen geben zu sollen.

Maskerade

Der gerissene räuberische Fuchs stülpt sich die reichlich häßliche Ganzkopfmaske eines Richters über. Angetan mit der Robe beginnt er seinen großen Auftritt. In der Lithographie von 1959 folgt ihm, auf die Schleppe der Robe tretend ein Igel mit übergroßer Uniformmütze; er soll offensichtlich die exekutive Gewalt darstellen. Durch diese Kontrastfigur wirkt die Lithographie im ganzen spannungsvoller und vollständiger als die Zeichnung.
Das Thema „Maskerade" kommt in abgewandelter Form noch einmal in einer Lithographie aus dem Kritischen Kalender 1978 vor. Hier ist ein Aufmarsch einer Klamaukgruppe mit Trommel und Trompete dargestellt. Die Mitglieder sind angetan mit verschiedenartigsten Gewändern, Roben oder Uniformen. Sie tra-

gen dazu alle möglichen Kopfbedeckungen – angefangen von der Mao-Mütze über Narrenkappe, Stahlhelm, Turban, Zylinder bis hin zum Barett. Das letztere trägt eine Richterin, die in der Mitte des Bildes auf einem seltsamen, dahinkriechenden Schneckenmenschen sitzt. In der einen Hand hält sie ein Gesetzbuch, mit der anderen dirigiert sie den ganzen Auftritt. Der Zylinderträger hinter ihr hält ein Transparent in der Hand, auf dem ein Paragraphenmännchen aufgemalt ist.

Dem Künstler Weber kommt auf der einen Seite die Darstellung malerischer Gewänder mit entsprechenden Kopfbedeckungen entgegen. Der Spötter aber sieht in all dem nur Theater, Fastnachtstreiben, wenn auch mit bitterem Ernst – Maskerade. Man kann hier nur feststellen, daß Weber offensichtlich kein Verhältnis hat zu jener äußeren Kenntlichmachung der Träger bestimmter hoher Ämter, wie sie in der Kulturgeschichte der Menschheit seit Jahrtausenden bekannt ist. Man denke nur an Gewänder der Priester, der Könige, aber auch der Richter. Alle Amtsgewandung, das ist doch wohl die überlieferte Auffassung, soll auf das Besondere, auf das Hoheitstragende des jeweiligen Amtes hinweisen. Der Amtsinhaber, der z. B. die Robe trägt, hat mit ihr die besondere Verpflichtung seines hohen Amtes gleichsam angezo-

gen und das Individuell-Persönliche abgelegt. Herausgehoben aus der Anonymität des Alltäglichen ist er der in seiner besonderen Verpflichtung gegenüber der Öffentlichkeit *Gezeichnete.*
Wie man am Beispiel des Künstlers Weber sieht, ist eine solche Auffassung längst nicht mehr Allgemeingut der Zeitgenossen.

31 Maskerade I

32 Maskerade II

33 Die mildernden Umstände

34 Die beiden Anwälte

Schlußbemerkung

A. Paul Webers satirische Blätter handeln, wie wir gesehen haben, von den Mächtigen, den Einflußreichen, von denen, welche die Institutionen von Staat und Gesellschaft entscheidend lenken. Es handelt sich also um eminent politische Blätter. Auf der Rückseite des Einbandes von Günther Anders Buch „Der Blick vom Turm", 1968, hat Weber den Aufmarsch der Mächtigen im Bilde festgehalten. Allen voran schreitet hier, wie könnte es anders sein, mit hoher Nase und verächtlich heruntergezogenen Mundwinkeln der Jurist, der oberste Richter. Andererseits ist es um die richterliche Würde bei einem anderen Bild dieses Buches nicht gerade gut bestellt, wenn der Richter, wie es in der Illustration zur Fabel „Die Eigenschaft" geschieht, zum Lasttier degradiert wird. Dort reitet nämlich ein von dem Dichter erfundener „Oberpräsidialgouverneur" in versteinert unnahbarer Arroganz auf dem Rücken des Gerichtsvorsitzenden, der ihn, auf allen vieren, die Treppen des Justizpalastes herunterträgt.

Vom Erhabenen zum Lächerlichen ist es – wie man spätestens von Napoleon weiß – oft nur ein Schritt.
Recht, Richter und Gerechtigkeit haben im Denken und künstlerischen Schaffen Webers einen bedeutenden Rang eingenommen. Daß auch diejenigen, die justizielle Macht ausüben, der Versuchung ihres Mißbrauchs ständig ausgesetzt sind, darauf hat Weber auf seine Art immer wieder hinweisen wollen. So ist es schon geradezu aufregend zu sehen, was er da alles aus seinem schier unerschöpflichen Bildarsenal, d. h. letztlich aus den unergründlichen Tiefen seiner Phantasie herausgeholt und vorgeführt hat, damit er uns den zu selbstgerechten, den opportunistischen, den ängstlich zögernden oder gar ferngelenkten Richter aufzeige. Die oft schaurig-scheußlichen von Weber geschaffenen Gestalten – angetan mit Robe und Barett – können ihre entmenschten Gesichtszüge nur mit Mühe hinter großen dunklen Brillen verbergen.
Sie symbolisieren brutale Machtausübung durch kaum kaschierte formaljuristische Prozedur und scheinen meilenweit entfernt zu sein von dem, was man – schlicht oder erhaben – Gerechtigkeit nennt. So also sehen A. Paul Webers „falsche Richter“ aus, ganz gleich, in welchem Lande auch immer sie ihres Amtes wal-

ten. Sie sind, wo es sie gibt, ein Skandal, ein Ärgernis für alle. Um dieses wichtige künstlerische und politische Anliegen Webers zu verstehen, bedarf es der unvoreingenommenen Bereitschaft zum Sehen und zum Verstehenwollen. „Wer nicht hören will, soll wenigstens sehen", war eine der Lieblingsparolen des Künstlers. Wenigstens ein Quantum an künstlerischer Sensibilität und an Lebensweisheit braucht es schon gerade bei denen, deren Beruf so drastisch und aggressiv aufs Korn genommen wird.

Als A. Paul Weber im Sommer 1971, in hohem Alter stehend, mit dem Großen Verdienstkreuz des Verdienstordens der Bundesrepublik ausgezeichnet wurde, da ehrte diese Republik nicht nur den Künstler aus Schretstaken, sondern mit ihm sich selbst. Sie gab nämlich zu erkennen, daß sie seine Anrufe, seine Zeitzeichen nicht nur registriert, sondern auch verstanden hatte.

In der Tat kann ein demokratisches Gemeinwesen auf Dauer nur bestehen, wenn der Wille zur Gerechtigkeit überall, vor allem im Justizbereich auch erkennbar wird. Das ist dann der Fall, wenn starke Richterpersönlichkeiten ohne Angst, ohne Schielen nach der Parteien- oder der Medien Gunst die ihnen anvertrauten Verfahren sachgerecht, entschlossen und zügig durchführen, damit durch das Urteil der notwendige Rechtsfriede geschaffen wird. „Demokratie ist gewiß ein preisenswertes Gut, Rechtsstaat aber ist wie das tägliche Brot, wie Wasser zum Trinken und wie Luft zum Atmen, und das Beste an der Demokratie gerade dieses, daß nur sie geeignet ist, den Rechtsstaat zu sichern.“ (Gustav Radbruch, Rechtsphilosophie, 1963, S. 357)

35 Aufzug der Prominenten

Verzeichnis der Abbildungen

1	Der Staatsanwalt zu Hause	Lithographie, 48 x 38,5 cm, 1958 abgebildet im „Simplizissimus“, außerdem unter der Bezeichnung „Die Korrektur“ im „Werkverzeichnis der Griffelkunst“, Hamburg
2	Der bestechliche Richter	Lithographie, aus H. Mencken „Der Demokratenspiegel“, Berlin, 1930
3	Der Untersuchungsrichter	Filzstiftzeichnung, 18,5 x 22 cm, 1971 Slg. Christoph Krämer
4	Richter mit Buch	Filzstiftzeichnung, 18,5 x 22 cm, 1971 Slg. Dr. Krämer
5	Der Regreß I	Rohrfederzeichnung, 48,5 x 58 cm, ohne Datum, Entstehungsjahr wahrscheinlich 1971, Slg. Dr. Krämer
6	Der Regreß II	Lithographie, 26 x 33 cm, im Stein datiert 30. 7. 1971 Slg. Dr. Krämer
7	Das Paragraphenopfer	Lithographie, 58 x 44 cm, „Simplizissimus“ 1958, dort unter dem Titel „Die Rache der Paragraphen“, Slg. Dr. Krämer

8	Die Paragraphenschlüpfer	Lithographie, 41 x 56 cm, 1972, Kritischer Kalender, 1973 Slg. Dr. Krämer
9	Der Paragraphenrichter	Tintenzeichnung, 27 x 26 cm, 27. 7. 1971 Slg. Dr. Krämer
10	Im Schneckentempo	Federzeichnung, 57 x 45,5 cm, ohne Datum, Slg. Dr. Krämer
11	Die Waage I	Rohrfederzeichnung, 57 x 42,5 cm, vermutlich 1958, Slg. Dr. Krämer
12	Die Waage II	Lithographie, 36,5 x 53,5 cm, „Simplizissimus" 1958 Slg. Dr. Krämer
13	Die Kelter	Federzeichnung, 58 x 44 cm, ohne Datum, Slg. Dr. Krämer
14	Wie weht der Wind I	Federzeichnung, auf Umdruckpapier, 55 x 44 cm, Entstehung vermutlich 1965 Slg. Dr. Krämer
15	Wie weht der Wind II	Lithographie, 32,5 x 41,5 cm, entstanden 1965, abgebildet Kritischer Kalender 1968 Slg. Dr. Krämer

16	Splitter und Balken I	Federzeichnung, 53 x 44 cm Slg. Dr. Krämer
17	Splitter und Balken II	Federzeichnung, 58 x 43,5 cm, 7. 11. 1958 Slg. Dr. Krämer
18	Splitter und Balken III	Federzeichnung, 58 x 43,5 cm Slg. Dr. Krämer
19	Splitter und Balken IV	Lithographie, in: Simplizissimus 1959, Kritischer Kalender 1959 und in Röhrig, Lexikon der sprichwörtlichen Redensarten, 1978
20	Justizreform	Lithographie, 42 x 34 cm, 1966, Kritischer Kalender 1967
21	Die weißen Westen	Lithographie, 37 x 26,5 cm, 1969, Kritischer Kalender 1970
22	Lokaltermin	Lithographie, 42,5 x 50,5 cm, 1964, Kritischer Kalender 1965
23	Wahrheitsfindung	Lithographie, 46 x 38 cm, 1965, Kritischer Kalender 1966
24	Im Namen des Volkes	Lithographie, 51,5 x 43 cm, 1971, Kritischer Kalender 1972
25	Kriegsverbrecher	Lithographie, 38 x 33 cm, 1965, Kritischer Kalender 1966
26	Reichlich spät	Lithographie, 39 x 33 cm, 1967, Kritischer Kalender 1968

27	Niemand war zuständig I	2 Lithographien, entstanden 1965/66
28	Niemand war zuständig II	
29	Steigbügelhalter	Lithographie, 41 x 51 cm, 1946 abgebildet in „A. Paul Weber, Kunst im Widerstand“, Berlin 1977, dazu auch weitere Entwürfe
30	Das Unschuldslamm	Lithographie, 27 x 38 cm, 1961, Kritischer Kalender 1963 Slg. Dr. Krämer
31	Maskerade I	Rohrfederzeichnung, 32 x 43 cm, vermutlich 1960, Slg. Dr. Krämer
32	Maskerade II	Lithographie, 30 x 33 cm, im Stein datiert 19. 10. 1959, Kritischer Kalender 1960 (mit Gedicht von Hermann Mostar) Slg. Dr. Krämer
33	Die mildernden Umstände	Lithographie, Simplizissimus 1960
34	Die beiden Anwälte	Lithographie, 30 x 40 cm, 1978, Werkverzeichnis der Griffelkunst
35	Aufzug der Prominenten	Lithographie, 1968, in Günther Anders „Der Blick vom Turm“, München, 1968